I0013926

Malaw Ndiaye

Analyse et management de la sécurité système

Malaw Ndiaye

Analyse et management de la sécurité système

Analyse et management de la sécurité du système
informatique de la section informatique de l'Université
Cheikh Anta Diop

Éditions universitaires européennes

Impressum / Mentions légales
Bibliografische Information der Deutschen Nationalbibliothek: Die Deutsche
Nationalbibliothek verzeichnet diese Publikation in der Deutschen Nationalbibliografie;
detaillierte bibliografische Daten sind im Internet über http://dnb.d-nb.de abrufbar.
Alle in diesem Buch genannten Marken und Produktnamen unterliegen warenzeichen-,
marken- oder patentrechtlichem Schutz bzw. sind Warenzeichen oder eingetragene
Warenzeichen der jeweiligen Inhaber. Die Wiedergabe von Marken, Produktnamen,
Gebrauchsnamen, Handelsnamen, Warenbezeichnungen u.s.w. in diesem Werk berechtigt
auch ohne besondere Kennzeichnung nicht zu der Annahme, dass solche Namen im Sinne
der Warenzeichen- und Markenschutzgesetzgebung als frei zu betrachten wären und
daher von jedermann benutzt werden dürften.

Information bibliographique publiée par la Deutsche Nationalbibliothek: La Deutsche
Nationalbibliothek inscrit cette publication à la Deutsche Nationalbibliografie; des
données bibliographiques détaillées sont disponibles sur internet à l'adresse http://dnb.d-
nb.de.
Toutes marques et noms de produits mentionnés dans ce livre demeurent sous la
protection des marques, des marques déposées et des brevets, et sont des marques ou des
marques déposées de leurs détenteurs respectifs. L'utilisation des marques, noms de
produits, noms communs, noms commerciaux, descriptions de produits, etc, même sans
qu'ils soient mentionnés de façon particulière dans ce livre ne signifie en aucune façon que
ces noms peuvent être utilisés sans restriction à l'égard de la législation pour la protection
des marques et des marques déposées et pourraient donc être utilisés par quiconque.

Coverbild / Photo de couverture: www.ingimage.com

Verlag / Editeur:
Éditions universitaires européennes
ist ein Imprint der / est une marque déposée de
OmniScriptum GmbH & Co. KG
Heinrich-Böcking-Str. 6-8, 66121 Saarbrücken, Deutschland / Allemagne
Email: info@editions-ue.com

Herstellung: siehe letzte Seite /
Impression: voir la dernière page
ISBN: 978-3-8417-8540-4

Zugl. / Agréé par: Sénégal, Université Cheikh Anta Diop, 2011

Copyright / Droit d'auteur © 2013 OmniScriptum GmbH & Co. KG
Alle Rechte vorbehalten. / Tous droits réservés. Saarbrücken 2013

Sommaire

DEDICACES

Avant tout je rends grâce à Dieu le Tout Puissant et le très Miséricordieux qui, par sa grâce m'a permis d'arriver à ce niveau d'étude.

Je dédie ce mémoire à :

> ➢ Mes parents qui se sont beaucoup investis dans mes études et qui m'ont toujours accompagné dans mes actes.
> ➢ Ma défunte Tata Aissatou Ndiaye
> ➢   Mes frères et sœurs
> ➢ Kandia Soumano, Maman Yaoussa Kouyaté, Maimouna Kanté
> ➢ Mouhamadou Lamine Diaby, Mouhamed Badji
> ➢ Demba Diabaté, Mady Diabaté
> ➢ Astou Mané ,Ndéye Astou Sagna ,Diéynaba Diabaté
> ➢ Adama Thiaw, Awa Thiaw , Maman Fatou Samb Diop
> ➢ Baba Mbengue, Djiby Ball, El hadji Faye
> ➢ El hadji Assane Seck, Pape Faye
> ➢ Moussa Niang, Aziz Mbaye, Fatou Diokh
> ➢ Sadio Ousmane Ba, Tamsir Khouma
> ➢ Mouhamed Samba, Séckou Sakho,
> ➢ Babacar Ndoye, Adama Sarr
> ➢ Madame Diouf (LMR), Madame Mané née Mama Diawara
> ➢ Mes amis d'enfance
> ➢ Mes camarades de promotions
> ➢ Tous ceux qui ont participé de prés ou de loin à ma formation

REMERCIMENTS

Nous remercions le bon Dieu de nous avoir ouvert l'esprit pour apprendre afin de servir.

J'aimerai exprimer ma sincère gratitude envers mon encadreur Dr Karim Konaté Maitre de conférence au département Mathématique et Informatique de la Faculté des Sciences et Techniques de l'Université Cheikh Anta Diop de Dakar.

Je le remercie pour la rigueur dont il fait preuve dans le travail qui nous incite ainsi à toujours mieux faire et de sa disponibilité.

Je tiens aussi à remercier tout le corps professoral : Mr Raimy, Mr Samba Ndiaye, Mr Mbaye Séne, Mr Idrissa Sarr, Mr Ndong, Mr Déye, Mr Bamba Gueye, Mr Thiogane.

Nous remercions tous ceux, de prés ou de loin, participé à l'élaboration de ce travail.

GLOSSAIRE

ACL: Access Control List

ADSL: Asymmetric Digital Subscriber Line

AP: Access Point

Arp: Address Reverse Protocol

BNC: Basic Network Connector

DEA: Diplôme d'Etude Approfondi

DHCP : Dynamic Host Configuration Protocol

DNS: Domain Name Server

IP: Internet Protocol

LAN: Local Network Area

MAC: Medium Access Control

NIDS: Network Intrusion Detection System

OS: Operating System

PSK: Pre-Shared Key

RJ45: Registered Jack 45 (connecteur ethernet)

RMON: Remote Monitoring

SI : Systèmes Informatique

SNMP: Simple Network Management Protocol

SSI : Sécurité des Systèmes Informatique

SSL: Secure Sockets Layer

SSID: Service Set Identifier

UTP: Unshielded Twisted Pair (câble non blindé composé de 4 paires en cuivre)

VDI: Voix Données Image

VLAN: Virtual Local Area Network

WEP: Wireless Privacy Equivalence

WPA: Wireless Protected Access

Introduction

La pérennité de toute entreprise passe, entre autre, par une disponibilité permanente de son système informatique. L'information nécessaire au bon fonctionnement de l'entreprise englobe aussi bien les données stratégiques que les données de tous les jours. Le système informatique doit donc être vu comme un ensemble, qui inclut aussi bien l'information elle-même que les systèmes et réseaux nécessaires à sa mise en œuvre.

La continuité de l'activité de l'entreprise appelle celle de son système informatique. Cette continuité ne peut être assurée que par la mise en place de moyens de protection apportant un niveau de sécurité adapté aux enjeux spécifiques de l'entreprise. Ces derniers peuvent varier d'une entreprise à une autre, mais la mise en place de la protection des systèmes informatiques répond à des critères communs.

Une information sans système informatique pour la mettre en œuvre est vaine, et un système informatique coupé de ses utilisateurs est sans objet. La sécurité des réseaux est donc devenue l'un des éléments clés de la continuité des systèmes informatique de l'entreprise, quelle que soient son activité, sa taille ou sa répartition géographique.

Notre vision du système informatique d'une entreprise doit considérer le composant réseau comme un élément spécifique fondamental de sa sécurité. Comme toute composante critique, le réseau doit faire l'objet d'une politique de sécurité tenant compte de tous les besoins d'accès au réseau d'entreprise (accès distants, commerce électronique, interconnexion avec des tierces parties, etc.).

Fondées sur cette politique de sécurité, des solutions techniques (pare-feu, routage réseau, authentification, chiffrement, etc.) peuvent être déployées de manière cohérente afin de garantir la sécurité.

Alors que la sécurité des systèmes informatique était un produit de luxe, elle tend aujourd'hui à devenir un moyen d'apporter la confiance au cœur des affaires.

La sécurité n'est qu'un sentiment dont l'éclosion est due à la conjonction de facteurs techniques et sociétaux. La mise en place d'un contexte favorable à ce sentiment est complexe, tant sont grandes les difficultés de réalisation et les oppositions entre les différentes inclinations libertaires. L'anonymat est-il autorisé sur Internet ? Puis-je mettre mon ordinateur en conformité avec mes désirs sécuritaires ? Comment rétribuer une création intellectuelle incarnée numériquement et dont la duplication est quasiment gratuite ?

Devons-nous laisser l'offre des industriels diriger notre morale et notre liberté ?

I. Problématique

La Sécurité des Systèmes informatiques (SSI) est une discipline de première importance car le système informatique (SI) est pour toute entreprise un élément absolument vital. Puisque le SI est vital, tout ce qui le menace est potentiellement dangereux !

Le système informatique de la section est une entité qui englobe aussi bien des données administratives que les données de tous les jours des étudiants. Ces données sont accessibles et visibles à travers le réseau.

Reliant toutes les ressources, le réseau doit assurer les domaines de sécurité suivants :

• sécurité des réseaux, afin de garantir la disponibilité et la qualité de service des connexions du système informatique ;

• sécurité des systèmes d'exploitation, afin de garantir l'intégrité et la fiabilité du système informatique ;

• sécurité des applications, afin de garantir le développement de code sûr et résistant aux attaques ;

• sécurité des accès, afin de garantir les accès aux ressources de l'entreprise par une liste définie d'utilisateurs avec des droits d'accès spécifiés ;

• sécurité des informations afin de garantir la confidentialité, l'invulnérabilité (falsification, plagiat, destruction, etc.) et la non-volatilité (modification d'un logiciel, modification d'une image, etc.) des informations numériques.

 Mais ce qui est plus évident c'est que les responsables de cette entité se sont toujours plaints d'une absence de réseau bien structuré et d'une politique de sécurité des données. C'est dans cette optique que nous avons pris l'initiative de mettre en place un réseau avec une politique de sécurité des données afin de répondre aux besoins de cette entité.

PREMIERE PARTIE :

ETUDE DE L'EXISTANT ET AUDIT DU SYSTEME

Chapitre I : Etude de l'existant

II. Présentation et Etude du réseau existant

L'objectif de cette partie est de faire ressortir qu'une sécurité bien comprise passe par la connaissance de l'entreprise, de son périmètre et de son organisation afin d'en déduire des besoins, puis une politique de sécurité réseau.

II.1 Présentation du parc informatique :

La section informatique dispose d'un parc informatique dont l'architecture est inappropriée. Cette complexité est due à la disposition des salles et bureaux et aussi à l'interconnexion du dispositif matériel. Ainsi ce qui suit nous permet d'avoir une approche du parc informatique et de son architecture.

II.1.1 Topologie de la section

La topologie de la section informatique s'étend sur deux niveaux dont chacun est illustré par les figures suivantes :

❖ **Topologie Rez-de-chaussée :**

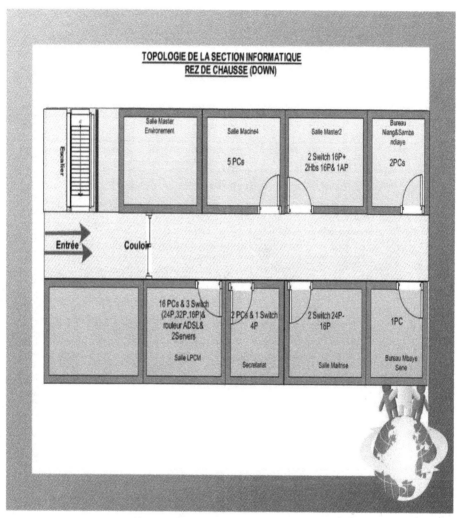

Figure1 : Topologie rez de chaussée

> **Topologie étage :**

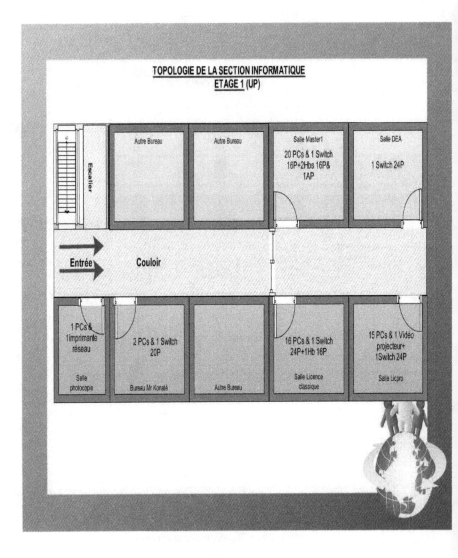

Figure2 : Topologie de l'étage

II.1.2 Bilan des matériaux et services du parc informatique

Pour une maitrise du parc informatique nous allons recenser les différents matériaux et applications qui y tournent.

Tableau1 : bilan des matériaux

Localisation	Nombre de machine/vidéo projecteur	Nombre de Switch/hub	Nombre de serveur/ AP	Système d'exploitation	Services
Salle licence classique	16 postes	1Switch 24P(TPLink) & 1hub 16P	0	Dual boot SP3 Sweet 5.1& Fedora14.x 86 64bit	
Salle licence pro	15 postes 1video projecteur	1Switch 24P(cisco)	0	Fedora14 2.6.35.6-45	
Salle master1 classique		2switch TPLink(24P-16P)			
Salle master1 pro	20 postes+ 1 video Projecteur	1switch TPLink 16P&2hub 16P	1 AP(UP)	Dual boot SP3 Sweet 5.1& Fedora14.x 86 64bit	
Salle LPCM	16 postes & 1video projecteur	3Switch 24P(cisco)32P16+routeur ADSL	2 serveurs	Debian	DNS DHCP install
Salle	1video projecteur	2Switch 24P-16P	1AP		

master2			(down)		
Salle DEA		1Switch 24P			
Secrétari at	2 postes&1imprimantes	1 Switch 4P			
Salle machine 4	5 postes 2imprimantes(MP1600) (HP laser jet P2015N) reseau				
Salle photocop ie	3 imprimantes(MP1600)(HP laser jet P2015N) reseau & 1poste				
Bureau Mr Konaté	2 poste & 2imprimante	1switch 20P			
Bureau Mr sene	1 poste 1imprimente			Windows	
Bureau Mr Niang	2poste			Ubuntu server& server 2003	

II.2 Etude de l'existant :

La section informatique dispose d'un réseau semblable à un réseau domestique c'est à dire une interconnexion de machines dont l'objectif est l'accès à Internet. Le réseau de la section informatique offre une vue qui permet de le qualifier de réseau plat, non cloisonné. L'objectif du réseau ne se limite pas à l'accès à internet mais il doit assurer l'interconnexion de l'ensemble des services associés pour le bon fonctionnement de l'entreprise.

Comme le montre la figure3 (page11) le réseau de la section est une interconnexion de machines, de Switchs, de hubs, de routeurs connectés à internet avec un niveau de sécurité faible ou quasiment inexistant. La seule politique de sécurité existant est implémentée sur le réseau sans fils. Sur le sans fil on utilise un filtrage par adresse MAC qui offre un niveau de sécurité très faible et aussi facile à contourner.

II.2.1 Architecture fonctionnel du réseau

L'architecture suivante décrit le fonctionnement de notre réseau. Le fonctionnement est d'une compréhension facile :

- o Les Switchs des étages sont tous reliés à un Switch principal ;
- o Le Switch principal est relié à son tour au serveur qui constitue la passerelle ;
- o Le serveur est relié au routeur ADSL.

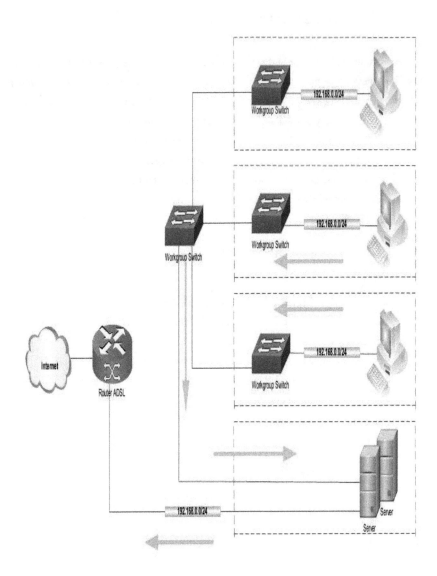

Figure 3 : fonctionnement du réseau

II.2.2 Architecture technique du réseau

La figure ci-dessous montre l'architecture du réseau du réseau de la section informatique.

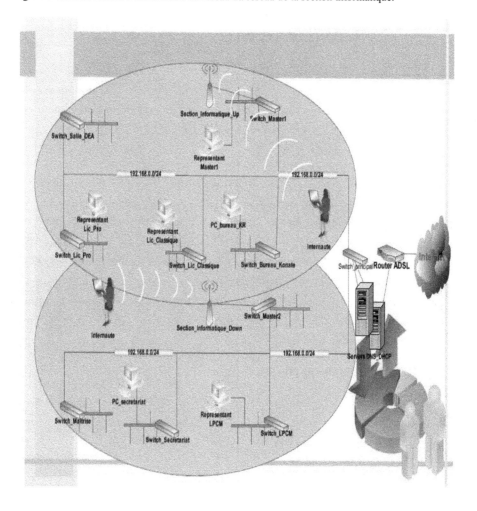

Figure4 : Architecture existante

CHAPITREII : AUDIT DU RESEAU

III.   Analyse des risques

La cyberéconomie souterraine a évolué et concentre désormais ses efforts sur le vol du capital intellectuel de l'entreprise, sa nouvelle source de revenu [9]. Le capital intellectuel se définit comme la valeur qu'une société génère grâce à sa propriété intellectuelle, notamment les secrets commerciaux, les plans marketing, les résultats de la recherche et du développement, et même le code source.

L'objectif de cette partie n'est pas de développer des attaques sur le réseau mais de faire le rapport d'audit des failles auxquelles est exposé notre réseau afin de préconiser des mesures assurant la sécurité du support et de l'ensemble du trafic qui transite sur ce dernier. Cependant la détermination des éléments critiques d'une entreprise est une tâche délicate et qui prête à discussion, chaque service ou département se considérant souvent comme un secteur clé. Un bon moyen pour y parvenir consiste à mener avec les responsables de l'entité une analyse des risques. Il est bon de préciser qu'un ensemble de travail d'audit du réseau a été fait par des étudiants ou nous allons nous appuyer pour mener notre travail afin d'éviter de les reprendre ou de les répéter.

III.1 Audit du sans fils

La connexion via le réseau sans fil semble poser peu de problèmes du moment où   la connexion est sécurisée. Sur le réseau sans fil on a un filtrage par adresse MAC qui constitue un niveau de sécurité très faible.

Le filtrage par adresse MAC est un niveau de sécurité facile à contourner. Pour contourner la sécurité d'un système préétabli il faut impérativement recourir à l'ingénierie sociale. L'art de manipuler des personnes afin de contourner des dispositifs de sécurité. Il s'agit ainsi d'une technique consistant à obtenir des informations de la part des utilisateurs par téléphone, courrier électronique, courrier traditionnel ou contact direct. L'ingénierie sociale est basée sur l'utilisation de la force de persuasion et l'exploitation de la naïveté des utilisateurs en se faisant passer pour une personne de la maison, un technicien, un administrateur.

Cependant nous allons mettre œuvre les moyens permettant de contourner cette sécurité tout en utilisant des outils open source sous Windows tels que etherchange, SIIW et la ligne de commande sous linux.

III.1.2 Audit du réseau sans fils sous Windows

Notre choix porté les deux utilitaires se justifie par le fait qu'ils sont open source et ils ne nécessitent pas au préalable une installation.

Dans un premier temps on a procédé par ingénierie sociale en utilisant la machine d'un étudiant qui était sortie en laissant sa session ouverte et on a pu récupérer son adresse MAC comme le montre la figure 5

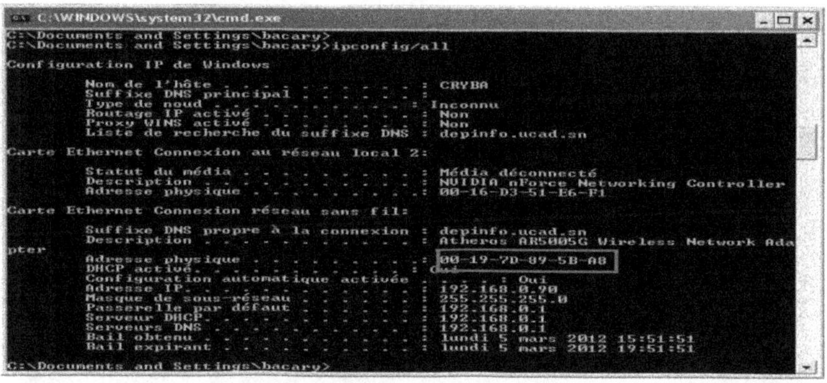

Figure 5: collecte d'information

La figure6 (15) montre la machine du pirate qui ne parvient pas à franchir la barrière de sécurité avec son adresse MAC initiale. Ainsi l'adresse Mac de la victime sera utilisée pour franchir le filtrage par adresse Mac.

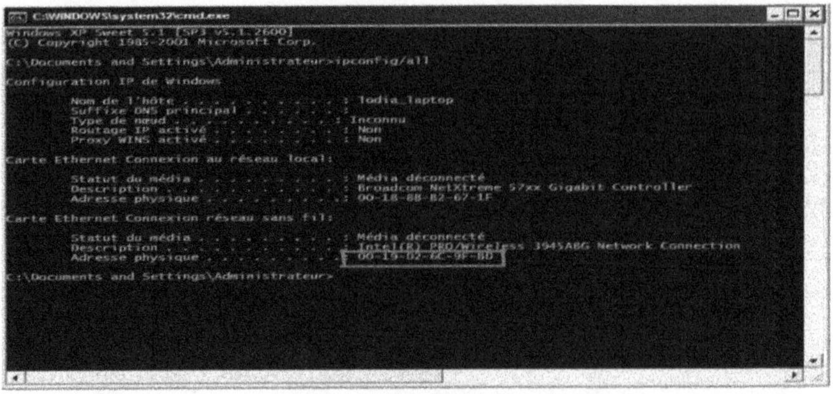

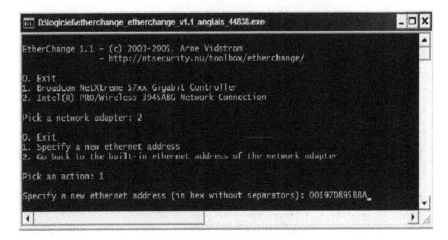

Figure 6 : adresse MAC du pirate

La figure ci-dessous montre les détails lors du changement de l'adresse MAC.

Figure7: changement d'adresse MAC

Ainsi on a pu utiliser l'identité de la victime pour franchir la barrière de sécurité afin d'utiliser les services du réseau.

Figure8 : Adresse MAC de la victime

Nous avons fait la même chose que précédemment en utilisant SIW pour contourner la sécurité implémentée sur le sans fils pour l'accès au réseau.

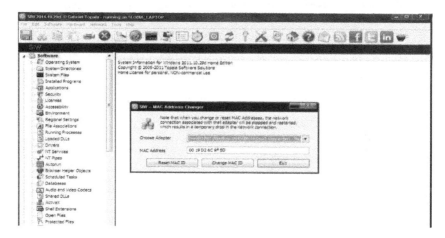

Figure9 : changement d'adresse MAC avec SIW

III.1.2 <u>Audit du réseau sans fils sous Linux</u>

Il est plus facile de contourner cette barrière de sécurité sous linux. La manipulation s'effectue avec seulement deux lignes de commandes. Il suffit juste de se connecter en tant que Root et le tout se résume en ces quelques lignes de commande suivantes:

➤ su -root

➤ *ifconfig eth0 down*

➤ *ifconfig eth0 hw ether 00:11:22:33:44:55*

➤ *ifconfig eth0 up*

Dans son rapport d'audit, Raoul Zallatan a aussi montré d'autres trous de sécurité sur le sans fil. Ainsi nous allons passer en revue certains point de son rapport tant bien sur le sans fil que sur l'Ethernet.

III.1.3 <u>Création d'un faux point d'accès</u>

Cette attaque nous permet de récupérer les cookies des sessions des utilisateurs et de contrôler le trafic internet par déni de service. Trois outils sont nécessaires pour cette attaque

➤ **Dhcp3-server :** pour l'attribution d'adresse ip ;

➤ **Karma.rc :** pour récupérer les cookies des sessions des clients du sans fil ;

➤ **Metasploit :** pour lancer le serveur et utiliser des exploits sur les machines cibles.

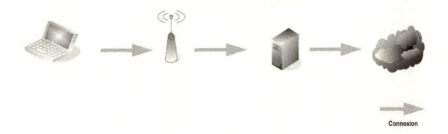

Figure10 : Scénario d'origine

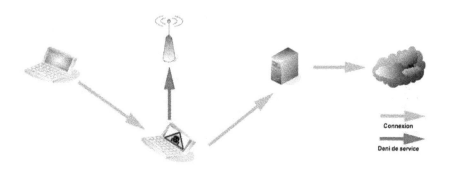

Figure11 : Scenario de l'attaque

III.2 Audit du réseau Ethernet

Nous allons définir un fil directeur des attaques et intrusion dont pourrait être victime notre réseau et nos infrastructures. Pour mener à bout notre étude il nous faut la topologie du réseau afin de déterminer les machines sensibles (éléments d'interconnexion, serveurs, clients) OS, IP de machines, ports ouverts, services actifs, Workgroups, domaine, etc. On va utiliser des outils tels que Nmap Ettercap Ethereal pour faire la cartographie du réseau. Windows nous donne avec favori réseau une aperçu du réseau c'est-à-dire l'ensemble des stations et infrastructures connectées au réseau comme le montre la figure10.

Figure12: Workgroups du réseau Microsoft

Les attaques que nous allons développer dans cette partie ne visent nullement le disfonctionnement du réseau ou la compromission d'une quelconque infrastructure réseau. Il est bon de préciser que le réseau ne dispose pas de plan de continuité de l'activité et encore moins d'un plan de secours ou de reprise de l'activité du réseau en cas de compromission ou de disfonctionnement. L'objectif principal visé est la prise de contrôle de l'unique serveur, des postes et du réseau tout entier.

III.2.1 Cartographie du réseau :

Une collecte d'informations nous permet de connaitre l'adresse du serveur, la requête montre que les services DNS et DHCP tournent sur un même serveur. Comme le montre la figure 12, on a l'adresse du serveur qui est le **192.168.0.1** et ce même serveur est utilisé comme passerelle par défaut

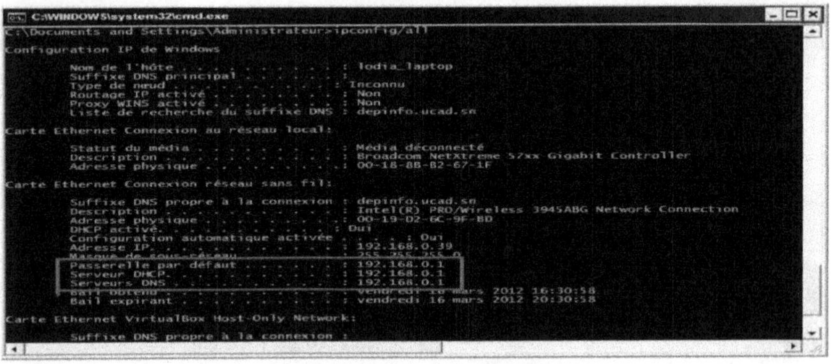

Figure13 : collecte d'informations

Un scan de la machine avec l'utilitaire Zenmap nous donne tous les détails sur le serveur.

Figure14 : Scan de la passerelle

Figure15 : détails des ports

Figure16: détails de l'hôte

III.2.2 Attaque du réseau de la section informatique

D'après la collecte d'informations par scan de port avec Nmap, on a constaté que du coté du serveur 4 services tournent :

- Ssh ;
- DNS ;
- Rpcbind ;
- http.

Port	Protocole	Etat	Service	Version
22	tcp	open	ssh	OpenSSH 5.1p1 Debian 5 (protocol 2.0)
53	tcp	open	domain	dnsmasq 2.45
111	tcp	open	rpcbind	2 (rpc #100000)
10000	tcp	open	http	MiniServ 1.530 (Webmin httpd)

figure17 : liste des ports et services du serveur

Le serveur est accessible en SSL donc la connexion est sécurisée. L'objectif premier serait d'obtenir le login et le mot de passe de l'administrateur afin d'avoir la main mise sur la seule ressource disponible. Cet objectif ne peut être atteint que par la pratique d'attaques de type Man In the Middle : sslstrip, redirect IP de Netfilter.

III.2.2.1 Utilisation de sslstrip

Très peu de personnes tapent directement https dans leur barre d'adresse, en fait les 2 façons d'arriver sur du https lorsqu'on surfe le web de manière classique sont les suivantes:
   - en cliquant sur un lien ;
   - en suivant une redirection [14].

En effet, sur la plupart des sites proposant du contenu sécurisé en https, il faut dans un premier temps passer par une page http (accueil par exemple) avant d'être redirigé vers une page sécurisée. C'est le cas des sites bancaires, sur Google mail, paypal etc.. La grande majorité des sites web proposant du contenu sécurisé en https ont une page d'accueil en http.

Sslstrip ne va pas attaquer le https, il va attaquer le http. Il va transformer tous les liens https sur le poste victime en liens http, et garder en mémoire tout ce qui a changé en créant une carte.

Résultat:

- le serveur ne voit rien, pour lui la connexion est toujours encryptée ;
- le client ne voit aucun message d'alerte dans son navigateur ;
- l'attaquant peut sniffer toutes les données car elles transitent en clair.

Grâce a ce procédé, il est très difficile de différencier la véritable page https cryptée via ssl de la fausse page http renvoyée par sslstrip.

La figure ci-dessous montre le principe de fonctionnement de sslstrip.

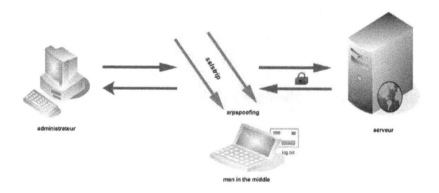

Figure18: Récupération du mot de passe dans log.txt

Il va falloir activer l'ip forwarding et rediriger le trafic http avec iptables pour récupérer le mot de passe :

```
echo 1 > /proc/sys/net/ipv4/ip_forward
iptables -t nat -A PREROUTING -p tcp --destination-port 80 -j REDIRECT --to-port 10000
arpspoof -i eth0 -t 192.168.0.254 192.168.0.1
```

```
python sslstrip.py -w log.txt -a -l 10000 -f
ettercap -T -q -i eth0
```

III.2.2.1 Utilisation de redirect IP de Netfilter

L'objectif de cette partie est de rediriger les connexions de l'administrateur afin de pouvoir récupérer son login et mot de passe. L'attaque se déroule comme suit :

Un serveur sur lequel tournent les services DNS, DHCP et Netfilter a été configuré :

Nom de domaine : lodia.intra ;

Réseau :192.168.1.0/24

Range : 192.168.1.10 - 192.168.1.254

Un autre serveur apache (serveur fantôme) avec une page web (interface d'administration du Webmin et du Ntop).

Selon les règles de filtrage de Netfilter, on redirige les paquets interceptés sur des ports spécifiques tels que le port 10000 avec Webmin et le port 3000 avec Ntop.

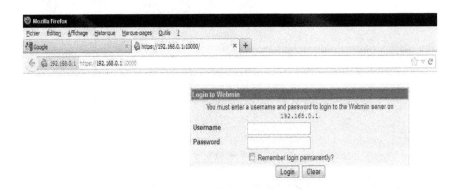

Figure19 : Page d'authentification de l'administrateur

<u>Résultat</u> :

-Toutes les connections sollicitant le port 10000 sont redirigées vers le serveur
fantôme ;

-Le serveur fantôme présente une interface d'authentification à
l'administrateur

- Le login et le mot passe sont stockés dans la base de données locale.

- Puis la connexion est à nouveau redirigée vers le serveur.

Inconvénient :

Le fait de présenter à deux reprises une même interface peut attirer l'attention de
l'administrateur.

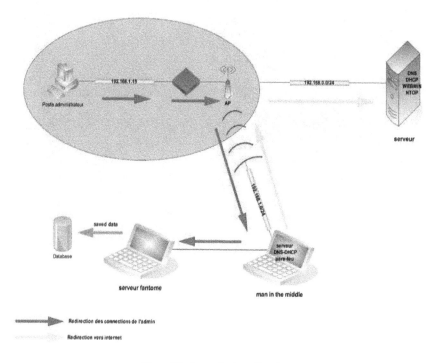

<u>Figure20</u> : Scenario de redirection

Nous allons ajouter d'autres trous de sécurité du réseau nous provenant du rapport d'audit de Raoul Zallatan tel que redirection d'une machine cliente du réseau.

III.2.2.3 Redirection d'une machine cliente du réseau

Dans sont rapport, Raoul a essayé une redirection « Arp Poisoning » de toutes les requêtes http du client vers un site de son choix. Pour réaliser cette attaque il a utilisé Ettercap. Ainsi en s'intercalant entre le routeur et la machine cible plusieurs possibilité s'offre a lui.

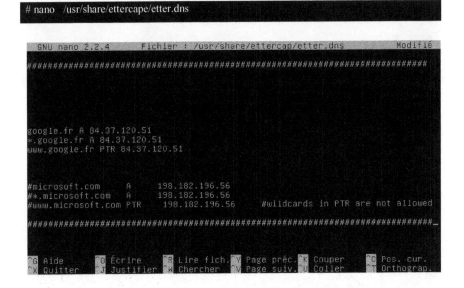

Figure21: Rédaction de l'ACL

A chaque fois que la machine compromise essaiera d'aller sur Google, elle sera redirigée à l'adresse 84.37.120.51 qui est celle de tv5.org.

III.2.2.4 Connexion à distance sur la machine cliente

On va essayer de s'attaquer aux stations de travail afin de prendre un contrôle à distance grâce à des failles applicatives. Pour cela on utilise une faille des fichiers dll (fichier contenant le code qui est rendu disponible pour d'autres applications) de Windows et l'outil utilisé est Metasploit.

L'attaque consiste à créer un fichier d'une extension supportée par l'outil (.docx, .xml, .pptx, etc.) qui sera joint à un cheval de Troie (dll_hijacker), et à partager le fichier infecté sur le réseau ou bien le joindre par mail. Après l'obtention du Shell on procède à l'utilisation de keylogger.

Conclusion

L'audit du système informatique de la section nous a permis de tester les attaques tels que :

- Changement d'adresse MAC ;
- Création d'un faut point d'accès ;
- L'attaque avec utilisation de sslstrip ;
- L'attaque avec utilisation de redirect IP avec Netfilter ;
- Redirection d'une machine cliente du réseau ;
- Connexion à distance sur la machine cliente.

Cependant les testes nous ont permis d'accéder au réseau sans fils avec le changement d'adresse MAC, la récupération du login et du mot de passe avec sslstrip et redirect IP, rediriger d'une machine cliente et connexion a distance sur une machine cliente.

Ainsi tous les testes ont donné des résultats à défaut de récupérer le mot de passe de l'administrateur car on ne peut pas laisser la machine pirate polluée le réseau. En plus on n'a pas suffisamment d'information sur les horaires de connexions de l'administrateur. On a juste simulé la connexion de l'administrateur à une autre connexion afin de récupérer ces derniers informations (login et mot de passe).

DEUXIEME PARTIE :

SOLUTION ET MISE EN OEUVE

Chapitre III: Solutions aux trous de sécurités

IV.   Rapport d'audit

De l'étude de l'existant à l'audit du système, nous avons pu constater que notre système présente beaucoup de failles de sécurité tant sur le sans fil et sur l'Ethernet que coté applications.

Les ressources de notre système sont utilisées par :

> Les étudiants en grande partie ;

> Le corps professoral ;

> Le corps administratif.

L'audit de notre système nous permet de faire un listing de l'ensemble des trous de sécurité :

❖ **L'intrusion au sein du réseau sans fil** : cela témoigne de la faiblesse du niveau de sécurité ;

❖ **Création d'un faut point d'accès** : témoigne l'absence de politique de sécurité ;

❖ **Les Scans de port** : montre l'absence de politique de sécurité (règle de filtrage des firewalls) ;

❖ **L'accès au réseau par câble** : absence de système d'authentification ;

❖ **Les vols de session** ;

❖ **la connexion à distance** ;

❖ **la redirection du client ou déni de service.**

V.   Solutions proposées

Par rapport aux différentes failles décelées nous proposons des solutions afin de promouvoir une bonne une bonne politique de sécurité. Selon les moyens et les ambitions des responsables de la section information, nous exprimons un plan de mise en œuvre des solutions.

V.1 Conception d'un réseau

Pour bien mener notre politique de sécurité nous aurons besoin de mettre en place un réseau d'entreprise.

Nous pouvons:

- o Mettre en place un réseau segmenté avec au minimum deux Vlan (Vlan_Up et Vlan_Down) ;
- o Définir un plan de nommage respectant les règles de bonne pratique des réseaux ;
- o Définir un plan d'adressage ;
- o Configurer les équipements réseau.

V.2 Sécurité du réseau sans fil

Nous devons préciser que la sécurité physique des AP est assurée car ils sont enfermés dans des armoires.

Cependant les utilisateurs du Wlan doivent être authentifiés selon les deux modes d'authentification (le mode entreprise ou le mode personnel). Nous avons la possibilité de choisir :

- ➤ Le mode entreprise : il nécessite un serveur central qui répertorie les utilisateurs : le serveur radius ou le portail captif (Chillispot, NoCatAuth, talweg). Ce qui risque de couter cher pour les responsables.

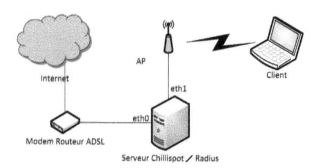

Figure22 : système d'authentification en mode entreprise [16]

> Le mode personnel : il permet une méthode simplifié d'authentification des utilisateurs sans utilisation d'un serveur. Il s'appelle aussi PSK (clé pré-partagée ou Pre-Shared Key). PSK a été conçu pour un usage privé et pour les petits réseaux d'entreprise, où chaque utilisateur possède le même identifiant et mot de passe.

Pour la configuration des AP on a un certain nombre de critères à respecter [10] :

→ Désactiver la diffusion du SSID (Service Set Identifier) des AP et activer le masquage du SSID ;

→ Changer les paramètres par défaut des AP (le SSID, mot de passe, l'adresse IP…) ;

→ Activer le protocole d'accès au niveau MAC et IP ;

→ Ne pas utiliser le WEP qui est devenu obsolète ;

→ Utiliser le WPA2 ;

→ Mettre en œuvre une politique de changement fréquent des clés WPA2 ;

→ Observer la création de nouveau ;

→ Configurer les cartes sans fil pour ne pas se connecter automatiquement à des réseaux non préconfigurés ;

→ Faire la mise à jour des logiciels.

V.3 Sécurité du réseau local (LAN)

Nous savons que notre réseau peut être attaqué de l'extérieur comme de l'intérieur, pour pallier à ces deux cas de figure, les mesures de sécurités suivantes seront nécessaires : authentification forte avec Kerberos, détection d'intrusion avec Snort, mise en place d'une politique de sécurité et mise en place d'un système d'administration.

V.3.1 Système d'authentification forte : Kerberos

Kerberos est un protocole d'authentification réseau qui repose sur un mécanisme de clés secrètes (chiffrement symétrique) et l'utilisation de tickets, et non de mots de passe en clair, évitant ainsi le risque d'interception frauduleuse des mots de passe des utilisateurs. Il a été développé dans le but de proposer des mécanismes d'authentification forte pour des applications basées sur le modèle client/serveur. Comme tout logiciel, Kerberos a eu son lot de failles de sécurité. Pour un système d'authentification des utilisateurs, il est plus important encore d'appliquer les mises à jour de sécurité [1].

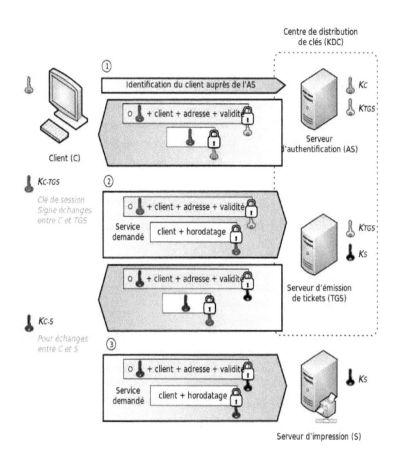

Figure23 : Mécanisme d'authentification de Kerberos [13]

K_S : clé secrète client

K_S : clé secrète serveur

K_{TGS} : clé secrète service d'émission de ticket

V.3.2 Détecteur d'intrusion : Snort

Snort est un système de détection d'intrusion (NIDS, Network Intrusion Detection System) [1]. L'idée exploitée par ce type de systèmes est que toute attaque est caractérisée par une signature reconnaissable grâce à un système de surveillance en écoute sur le réseau. Un tel système sera en particulier capable de détecter la plupart des scans réseau, y compris les scans lents ou furtifs. Malheureusement, ces systèmes sont souvent difficiles à déployer, car il est très délicat d'ajuster les seuils pour éviter les nombreuses fausses alertes, ou faux positifs, qui peuvent apparaître.

Il sera déployé sur la passerelle afin qu'il puisse analyser tout le trafic entrant du réseau.

V.3.3 Définir une politique de sécurité

- ➤ Gestion des utilisateurs ;
  - o Gestion des comptes ;
  - o Gestion des privilèges ;
  - o Gestion des droits d'accès ;
- ➤ Gestion des ACLs ;
- ➤ Gestion des partages.

V.3.3 Management system (système d'administration)

Il est aujourd'hui nécessaire, étant donnée l'étendue des réseaux, que l'administrateur puisse le gérer à distance depuis son poste de travail et n'avoir à se déplacer qu'en dernier recours, lorsqu'une opération physique est nécessaire. Cela peut sembler exagéré, voire être perçu comme un luxe pour l'administrateur réseau. La centralisation de la gestion réseau permet également d'effectuer simultanément une même opération sur plusieurs matériels : si l'on souhaite appliquer une modification à un ensemble de matériels données, il suffit d'utiliser la liste de ce matériel dans notre programme et de l'exécuter depuis la machine de gestion. En l'absence de système d'administration central, il aurait fallu se déplacer sur chaque matériel afin d'y appliquer ladite modification: la centralisation offre un gain de temps considérable.

Correctement configurés, les matériels (serveurs, équipement réseau) du système

d'information   de

l'entreprise génèrent des traces appelés aussi journaux d'évènements permettant

de retracer une partie de l'activité de chacun des équipements. La surveillance de ces

évènements est essentielle pour détecter les incidents de sécurité sous forme de

contrôle continu. Il est

indispensable que la mise en place de procédures simples de collecte et d'analyse sur les mach

ines sensibles ou exposées soit effectuée, par exemple à partir d'outils spécifiques.

Il est important et parfois requis dans une entreprise de pouvoir vérifier certaines

opérations effectuées sur le système d'information. C'est le rôle de la journalisation d'évène-

ments, au point de vue réseau et/ou systèmes. Dans certaines entreprises, des exigences léga-

le imposent un tel contrôle.

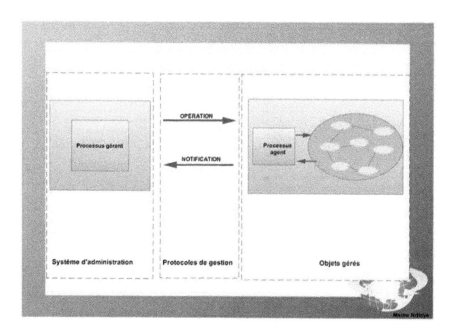

Figure24 : Système d'Administration du réseau

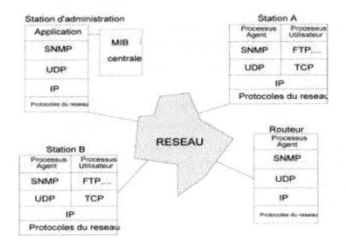

Figure25: Mise en œuvre de SNMP dans le réseau

V.3.4 Charte des utilisateurs

Tout utilisateur est responsable de son usage des ressources informatiques et du réseau auxquels il a accès. Il a aussi la charge, à son niveau, de contribuer à la sécurité générale et aussi à celle de son entité. L'utilisation de ces ressources doit être rationnelle et honnête afin d'en éviter la saturation ou le détournement à des fins personnelles.

En particulier il doit se conformer à ces quelques règles de bonnes pratiques :

➢ Eviter les mots de passe trop faciles et de favoriser la complexité ;

➢ Effacer son répertoire public après chaque utilisation ;

➢ S'identifier à chaque accès au réseau ;

➢ Utiliser les ressources informatiques à bon escient ;

➢ Utiliser l'internet et la messagerie à des fins professionnelles ;

➢ Verrouiller son ordinateur en cas d'absence ;

➢ Ne jamais transmettre d'information confidentielles sans les protéger ;

➢ Rester vigilant envers ses appareils mobiles :

➢ N'installer point de programme sans autorisation ;

➢ Eviter tout tentative d'intrusion dans des zones interdites d'accès ;

➢ Respecter la déontologie et l'éthique de l'entité ;

➢ Informer le (s) responsable (s) informatique de toute disfonctionnement.

VI.   <u>Les outils utilisés pour sécuriser le réseau</u>

Pour l'implémentation des solutions, nous allons utiliser des outils open source d'une distribution Linux. Les serveurs tourneront sous Débian car les solution sont open sources de linux .

<u>Tableau2</u> : outils utilisé pour implémenter les solutions

	Services	Packages
	DHCP	Dhcp3-serveur
	DNS	Bind9
Passerelle	NIDS	Snort
	Proxy	Squid3
	Supervision	Ntop+webmin+nagios
	Authentification	Kerberos
Serveur d'authentification	Portail captif	Freeradius+Chillispot+appach2 +openssl

CHAPITRE V : Mise en œuvre

VII.   Aspects techniques du réseau et Politique de sécurité

Le but est de relier plusieurs dispositifs (PC, imprimante…) afin d'assurer la communication et le partage de données. Il s'agit de créer un réseau adapté à notre besoin. Par conséquent, on utilisera des matériels adaptés aux réseaux d'entreprise (à chaque problème sa solution). Le réseau qui correspond à notre situation est le réseau local ou LAN (Local Area Network). Tout d'abord quel type de réseau retenir ? Ethernet ou Token-Ring. Et quelle topologie pour le réseau ? Bus ou étoile. Question de performance, les deux se valent, même si, à débit égal, il y'a un léger avantage d'utiliser Token-Ring. Cependant Ethernet détient plus de 85% du marché et a toujours été techniquement en avance sur Token-Ring [6]. Si l'on doit créer soi-même son propre réseau à partir de rien, autant se lancer dans Ethernet : c'est plus simple et cela coute moins cher.

Aujourd'hui, la topologie la plus répandue est celle de l'étoile qui consiste à relier toutes les PC à un seul équipement central (concentrateur ou commutateur). Cependant notre étude de l'existant montre que Ethernet avec topologie en étoile est déjà implanté donc il est plus commode d'améliorer l'existant et de l'adapter à nos besoin car tout n'est qu'une question de retour sur investissement.

Tableau3 : comparaison des topologies

Ethernet	Bus	Etoile
Câble cuivre	coaxial	Paire torsadé
Connecteur	BNC	RJ45
Vitesse	Limité à 10Mbits/s	10Mbits/s et plus
Modification du réseau	Difficile	Très facile
Remarque	De moins en moins répandu	Nécessite un concentrateur Ethernet

| Adapté aux… | Petits réseaux locaux | Petits et grands réseaux locaux |

VII.1 <u>Infrastructure du réseau de la section Informatique</u>

L'infrastructure réseau est liée au système de câblage mais celui-ci doit avoir été conçu pour en limiter les contraintes, c'est-à-dire s'adapter a toutes les situations. Pour notre cas tous les systèmes de câblage sont en étoile, de même que la topologie. Les équipements actifs seront positionnés dans les locaux techniques, ils serviront à connecter les PC aux serveurs.

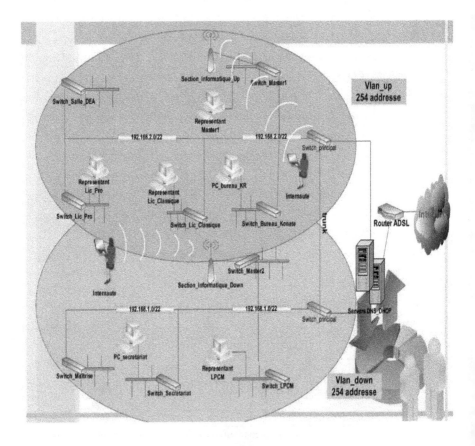

Figure26 : Architecture technique du réseau

Inspiré de l'infrastructure précédente, quelques changements majeurs sont observés :

- On est passé d'un réseau plat, non cloisonné à un réseau segmenté avec deux VLAN.
- On est passé d'un slash 24 (/24) à un slash 22 (/22) avec 252 hôtes pour chaque sous-réseau.

VII.1 **Dimensionnement du réseau**

La phase d'expression des besoins est suivie d'une étude permettant d'arrêter un certain nombre de choix important :

- Quel type de câble utiliser ?
- Quel type de prise choisir en bureau ? En local technique (salle serveur, salle machine…) ?
- Ou faire passer les câbles ? Comment placer les prises ?
- Ou positionner les locaux techniques ? Comment les aménager ?

L'audit préalable effectué sur les dispositifs existants permet de répondre aux interrogations soulevées par l'étude d'ingénierie. Cependant nous tenterons, d'adapter l'existant à nos besoins. La conception d'une infrastructure réseau est élaborée en fonction du nombre de postes de travail à connecter. En effet, plus le nombre de postes est important, il faut répondre à un certain nombre de contraintes et d'exigences qui n'apparaissent qu'avec la complexité du réseau. Dans le cas le plus simple, la conception d'une architecture consiste à choisir et à positionner les équipements actifs, puis à les connecter entre eux en utilisant le câblage.

VII.1.1 <u>Les choix de base de l'infrastructure réseau</u> :

Les choix reposent sur certains critères qui doivent être définis :

❖ **Le type de débit à choisir**

La décision suivante concerne le débit du réseau, c'est-à-dire la vitesse de transmission des trames Ethernet, encore appelée bande passante. La norme Ethernet est déclinée en plusieurs variantes : 10 Mbit/s (norme 10bT), 100 Mbit/s (norme 100bT) et 1 Gbits/s (norme 1000bT). De par son coût et son caractère innovateur, le Gigabit Ethernet est réservé aux liaisons entre les équipements de concentration et aux serveurs. Le choix du débit se fera donc en fonction des coûts, plutôt 10/100 Mbit/s pour les PC et 100/1000 Mbit/s pour les serveurs.

<u>Tableau4</u> : choix du débit

Débit	Utilisation
10 Mbits	Poste de travail bureautique
100 Mbits	Poste de travail multimédias et serveurs
1 Gbits	Pour connecter les équipements réseaux entre eux ainsi que les gros serveurs

Côté poste de travail, la plupart des cartes réseau fonctionnent à 10 et 100 Mbit/s, et sont au même prix que les cartes 10 Mbit/s. En outre, la plupart des commutateurs offrent des ports à détection automatique de vitesse (port autosense).

❖ **Le format d'équipement à choisir (Concentrateur ou commutateur)**

L'autre décision à prendre consiste à faire un choix entre les concentrateurs et les commutateurs. Les premiers se contentent de générer le signal, alors que les seconds permettent de créer un segment par port. Les commutateurs sont bien sûr plus chers que les concentrateurs. Pour une utilisation bureautique du réseau (traitement de texte, comptabilité, base de données, connexion à un serveur, etc.), les concentrateurs suffisent pour connecter les postes de travail car il y a peu de trafic entre eux. Pour améliorer les performances, on peut jouer sur la vitesse (10 ou 100 Mbit/s).

L'utilisation des commutateurs s'envisage dans plusieurs cas de figures :

- Lorsque l'on emploie des applications multimédias (voix et vidéo) générant des débits importants et nécessitant des temps de réponse courts ;
- d'une manière générale, lorsque le flux réseau est important et que les temps de réponse sont mauvais ;
- pour interconnecter plusieurs segments Ethernet.

Les commutateurs permettent d'augmenter les débits de plusieurs manières :

- avec le mode full duplex entre un PC et un port du commutateur ou entre deux commutateurs ;
- en agrégeant plusieurs ports full duplex du commutateur (technique du port trunking) pour le relier à un autre commutateur.

Tableau5 : choix équipement

fonctionnalité	Concentrateur	Commutateur
Segment	Un seul pour le concentrateur	Un par port
segmentation	(Optionnel) Réseaux indépendants (c'est-à-dire isolés, ne pouvant pas communiquer entre eux)	Segments interconnectés par la matrice de commutation
Mélange des débits	Non	Oui pour le mode store and forward
Port Uplink	Pour chaîner les hubs ; 4 maximums en cascade	Pour chaîner les commutateurs entre eux
administrable	SNMP en option	SNMP + RMON en option
Autres fonctionnalités	Partitionnement des ports sur erreur	Détection automatique 10/100 Mbit/s Full duplex Agrégation de ports VLAN

VII.1.2 Choix définitif

Le tableau ci-dessous montre notre choix afin de réaliser l'infrastructure de notre réseau.

Tableau6 : choix définitif

	Choix	Remarques
Type réseau	Ethernet avec topologie en étoile	Conserver l'existant
Débit	10Mbit/s (ADSL)	Conserver l'existant
Type de câble	Paire torsadé (UTP/RJ45)	Faire évoluer/modifier l'existant
Chemin câble	Goulotte	Conserver l'existant
Type prise	Prise murale RJ45/boitiers VDI	Améliorer l'existant
Format d'équipement	Commutateur	Faire évoluer l'existant
serveur	2 serveurs avec au minimum 3 cartes réseau	Changer/conserver l'existant

VII.2 Architecture fonctionnelle

Ayant en tête toutes les possibilités des équipements à notre disposition, la conception d'une architecture réseau simple consiste à assembler les commutateurs en exploitant au mieux les capacités de câblage.

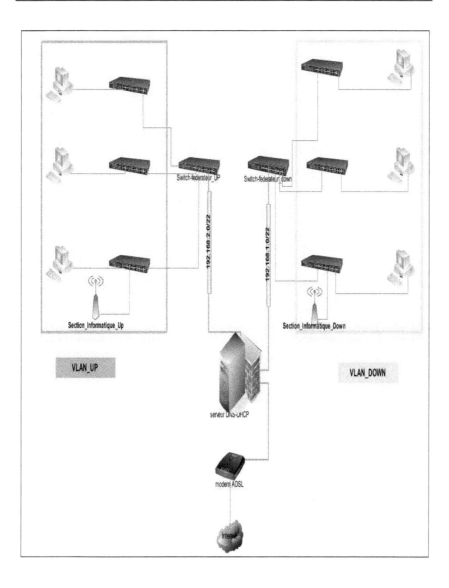

Figure27 : Architecture fonctionnelle du réseau

VII.3 Plan de nommage et d'adressage

VII.3.1 Plan de nommage :

L'objectif est d'élaborer un plan de nommage des postes et des infrastructures réseau afin de faciliter le monitoring du réseau. Le plan de nommage permettra d'identifier ou de localiser par exemple les PCs qui polluent le réseau ou bien qui monopolisent une grande partie de la bande passante (50 à 60% de la bande passante) afin de les bloquer ou les déconnecter du réseau.

VII.3.1.1 Plan de nommage des PCs

Le choix des se fera suivant le critère de localisation directe c'est-à-dire : **Nom_Salle@Num_PC/Nom_bureau@nom.**

Nommage Salle LPCM :

Tableau7 : nommage LPCM

Nom Salle	Nom machine
Salle LPCM	Lpcm1
	Lpcm2
	Lpcm3
	Lpcm4
	Lpcm5
	Lpcm6
	Lpcm7
	Lpcm8
	Lpcm9
	Lpcm10
	Lpcm11
	Lpcm12
	Lpcm13
	Lpcm14

Nommage salle LICPRO

Tableau8 : nommage licpro

Nom Salle	Nom Machine
Salle LicPro	LicPro1
	LicPro2
	LicPro3
	LicPro4
	LicPro5
	LicPro6
	LicPro7
	LicPro8
	LicPro9
	LicPro10
	LicPro11
	LicPro12
	LicPro13
	LicPro14

Nommage salle Licence Classique

Tableau9 : nommage licclassic

Nom Salle	Nom machine
Licence classique	Licclassique1
	Licclassique2
	Licclassique3
	Licclassique4
	Licclassique5
	Licclassique6
	Licclassique7
	Licclassique8
	Licclassique9
	Licclassique10
	Licclassique11
	Licclassique12
	Licclassique13
	Licclassique14
	Licclassique15
	Licclassique16

Nommage salle Master1 Pro

Tableau10 : nommage master1

Nom salle	Nom machine
Salle Master1 Pro	Master1Pro1
	Master1Pro2
	Master1Pro3
	Master1Pro4
	Master1Pro5
	Master1Pro6
	Master1Pro7
	Master1Pro8
	Master1Pro9
	Master1Pro10
	Master1Pro11
	Master1Pro12
	Master1Pro13
	Master1Pro14
	Master1Pro15
	Master1Pro16
	Master1Pro17
	Master1Pro18
	Master1Pro19
	Master1Pro20

Tableau11 : nommage équipement

Type d'équipement	Nom équipement	Localisation
Point d'accès	Section_Informatique_Down	Salle Master2
	Section_Informatique_Up	Salle Master1
Switch	Switch_fédé_Up	Local technique
	Switch_fédé_Down	Local technique
	Switch_LPCM	Salle LPCM
	Switch_salle_Maitrise	Salle Maitrise
	Switch_salle_Master2	Salle Master2
	Switch_Licclassique	Salle licence classique
	Switch_LicPro	Salle licence Pro
	Switch_salle_Master1	Salle Master1
	Switch_salle_DEA	Salle DEA

VII.3.2 Plan d'adressage

VII.3.2 .1 Objectifs d'un plan d'adressage

L'objectif premier du plan d'adressage est d'éviter la duplication accidentelle des adresses. Pour l'adressage MAC, un plan n'est pas utile car les adresses sont affectées aux cartes par les constructeurs. En revanche, l'affectation des adresses IP relève de notre responsabilité, ou de celle du NIC pour le réseau public Internet. Le plan d'adressage permet également de contrôler le fonctionnement de notre réseau IP. En effet, l'affectation des adresses IP doit répondre à des règles précises sous peine d'aboutir à des dysfonctionnements (connexions impossibles, voire intermittentes, etc.). En définitive, le plan d'adressage permet d'organiser l'exploitation de notre intranet.

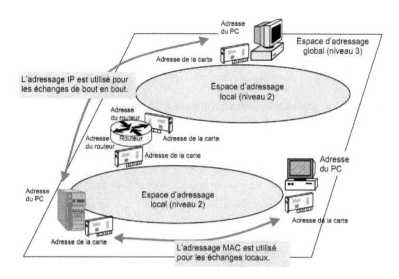

Figure28 : principe de l'adressage

VII.3.2.2 Choix du type d'adressage utilisé (Dynamique ou statique)

Une adresse IP peut être non seulement publique ou privée, mais elle peut aussi être statique ou dynamique. Elle peut de plus être publique et statique, publique et dynamique, privée et statique, privée et dynamique... Il est simplement important d'éviter une confusion commune, le caractère privé ou public d'une adresse est indépendant de son mode d'allocation (statique ou dynamique).

L'adressage statique est le mode utilisé lorsque les paramètres IP principaux sont encodés au clavier dans la configuration des paramètres réseau d'un ordinateur [6]. Il s'agit de l'adresse IP, du masque de sous réseau, du routeur par défaut (default gateway) du serveur de nom du domaine (serveur DNS). Par exemple respectivement:

- 192.168.0.10
- 255.255.255.0
- 193.190.208.1
- 193.190.208.4

Par contre dans un adressage dynamique, l'ordinateur 'client' est configuré pour utiliser le protocole DHCP qui va lui permettre d'obtenir auprès d'un serveur du même nom (DHCP) l'ensemble de ses paramètres. Toutes les données sont donc, d'une part, transférées par le réseau et plus entrées sur un clavier, et d'autre part, maintenues de manière centralisée sur un serveur. La modification des paramètres réseaux s'effectuent donc aussi de manière centralisée. Lors de la connexion suivante d'un client, ce dernier recevra les nouveaux paramètres sans la moindre intervention de son utilisateur.

Tableau12 : comparaison des différents types d'adressage

Type d'adressage	Avantage	Inconvénient
Adressage dynamique	• Tâche d'administration facile • Plus sécurisé	• Augmentation charge du réseau (requête DHCP)
Adressage statique	• Plus souple pour un petit réseau	• Conflit d'adresses • Administration difficile avec un nbre élevé de postes • Cible fixe pour les pirates

Conclusion :

Vu les avantages et les inconvénients d'écrient par les deux types d'adressage il est plus judicieux d'utiliser l'adressage privé et dynamique par mesure de sécurité.

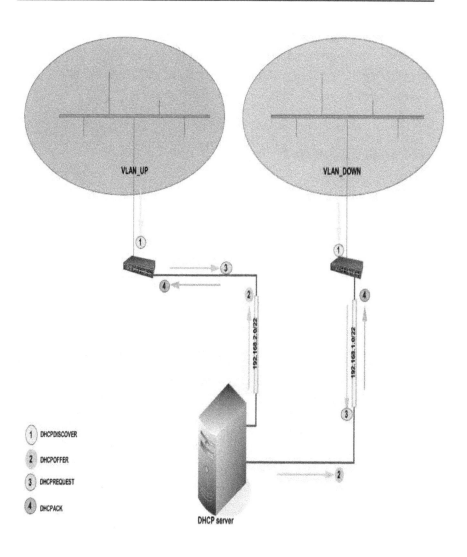

Figure29 : Mécanisme d'adressage

VIII.   <u>Mise en place de radius et Chillispot</u>

Pour l'implémentation du portail captif, nous avons besoin de d'un serveur avec au moins deux cartes réseaux. L'interface connectée à internet sera eth0 peu et celle côté Wifi sera eth1 (reliée au point d'accès) donc on a besoin de deux cartes réseaux.

On installe les packages suivants :

```
apt-get install –y apache2 openssl
```

```
apt-get install –y freeradius
```

```
apt-get install iptables
```

```
wget http://www.chillispot.info/download/chillispot_1.0_i386.deb
```

```
dpkg -i chillispot_0.97-1_i386.deb
```

Après éditions des fichiers de configuration on a:

Le fichier /etc/apache2/httpd.conf :

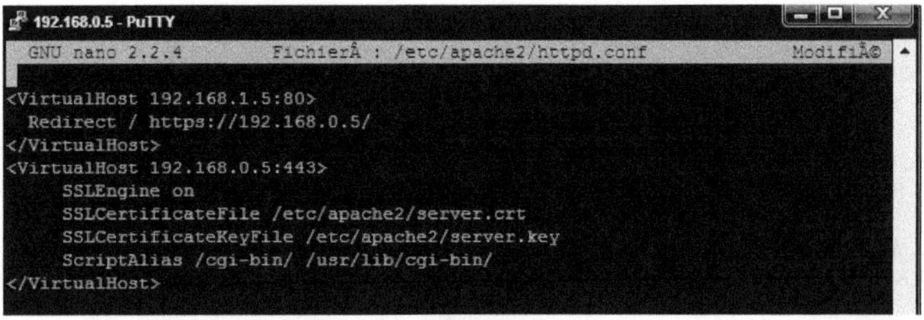

```
 192.168.0.5 - PuTTY
   GNU nano 2.2.4          FichierÂ : /etc/apache2/httpd.conf          ModifiÃ©
<VirtualHost 192.168.1.5:80>
  Redirect / https://192.168.0.5/
</VirtualHost>
<VirtualHost 192.168.0.5:443>
     SSLEngine on
     SSLCertificateFile /etc/apache2/server.crt
     SSLCertificateKeyFile /etc/apache2/server.key
     ScriptAlias /cgi-bin/ /usr/lib/cgi-bin/
</VirtualHost>
```

Figure30 : Créer un hôte virtuel

On définit un client pour Radius dans le fichier /etc/freeradius/clients.conf

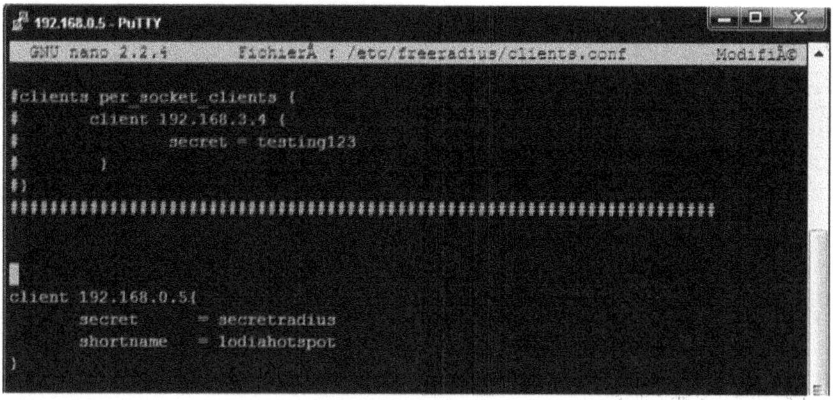

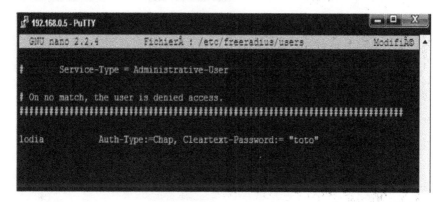

Figure31 : client radius

On ajoute un utilisateur dans /etc/freeradius/users

Figure32 : Ajout d'un utilisateur

Configuration de Chillispot

On édite le fichier /etc/chilli.conf

Figure33 :Fichier / etc/chilli.conf

On démarre les services

Figure34 : Démarrage des services

IX.   Mise en place d'une sonde Snort

Snort a été installé dans la passerelle sur la machine depinfo.ucad.sn dans le but d'analyser le trafic entrant du réseau. La machine Snort doit voir l'ensemble du trafic qui entre dans le réseau. Pour cela, nous avons utilisé une fonctionnalité des Switchs, qui permet, pour la plupart, de répliquer l'ensemble du trafic d'un port sur un autre. Cette fonction s'appelle le port monitoring. Si on ne dispose pas de cette possibilité, il est également possible d'utiliser un HUB pour lequel le trafic est répété sur tous les ports ! Sur le commutateur dédié à la passerelle, nous allons donc configurer un port en port monitoring pour répliquer le trafic du port d'entrée du réseau lui-même connecté à gateway. Dans ce mode, le trafic sur l'interface du gateway est dupliqué sur le port, qui voit l'ensemble du trafic entrant et sortant du réseau.

Installation des packages :

`apt-get install  snort`

Il est recommandé de progresser par petites étapes afin d'éviter de se retrouver submergé par un flot d'alertes! Nous avons donc choisi une configuration minimale où nous nous intéressons uniquement aux scans qui pénètrent dans le réseau. Les valeurs proposées par défaut (4 scans en moins de 3 secondes) paraissent raisonnables. Le seul préprocesseur présent dans le fichier de configuration snort.conf est donc le port scan.

Conclusion

Le proverbe dit « mieux vaut prévenir que guérir » : au terme du parcours des divers aspects de la sécurité des systèmes d'information, nous pourrions presque dire qu'en ce domaine prévenir est impératif, parce que guérir est impossible et de toute façon ne sert à rien. Au terme de notre travail qui consistait à assurer la sécurité du système informatique de la section, malgré les difficultés rencontré pour déployer et tester les solutions proposées, nous avons pu réaliser les points suivants :

- Etude du réseau existant permettant de montrer les failles ;
- Proposition des solutions ;
- Etude et conception d'un réseau ;
- Mise en œuvre des solutions de sécurité ;
- Les perspectives.

Comme le dit le proverbe « Tout ce qui commence, bien finit bien » ; malgré les quelques difficultés rencontrées lors des testes de la sonde (Snort), les autres testes ont données des résultats satisfaisants.

Ce travail nous a permis d'élargir nos connaissances en sécurité système et réseau. Nous pouvons conclure en disant que la sécurité du système d'information n'est et ne peut pas être contenue dans un dispositif ni dans un ensemble de dispositifs, qu'elle ne peut pas non plus être contenue dans les limites temporelles d'un projet, mais qu'elle est un processus ou, si l'on veut, une activité. Nous entendons par là que les ingénieurs de sécurité du SI doivent se consacrer à cette activité, pas forcément à plein temps, mais en permanence, sur plusieurs fronts : veille scientifique et technologique, surveillance des journaux d'événements, audit des infrastructures et des applications, sensibilisation et formation des utilisateurs, expérimentation de nouveaux outils et de nouveaux usages.

Perspectives

Pour assurer la continuité de l'activité de notre système, on prévoit des solutions de secours tel que :

- ❖ la sauvegarde de tous les systèmes, locale ou à distance,
- ❖ redondance des composants pour les systèmes critiques ou sensibles,
- ❖ l'utilisation de réseau de stockage, la réplication des disques ou unités de stockage,
- ❖ la virtualisation des serveurs,
- ❖ redondance de câblage des réseaux LAN et des liens de communications WAN.

La figure34 (page 59) montre la redondance de câblage du réseau LAN

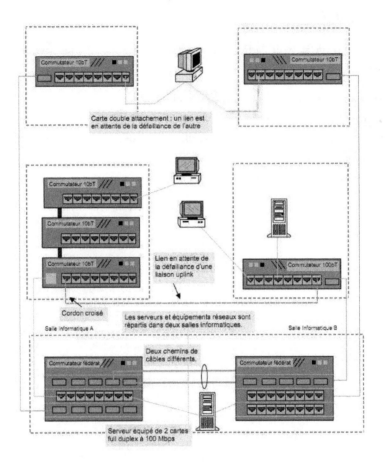

Figure35 : redondance de câblage du réseau LAN

Bibliographie et webographie

[1]Bernard Boutherin - Benoit Delaunay : Cahier de l'Admin « Linux sécuriser un réseau » 3ème édition EYROLLES

[2] Jean-François CARPENTIER « La sécurité informatique dans la petite entreprise » Edition ENI

[3] Cédric Llorens-Laurent Levier-Denis Valois «Tableau de bord de la sécurité réseau» 2^{éme} édition- Edition EYROLLES

[4] Laurent Bloch-Christophe Wolfhugel « Sécurité informatique : Principe et méthode à l'usage des DSI, RSSI et administrateurs » 2me édition- Edition EYROLLES

[5] Stuart McClure-Joel Scambray-George Kurtz « Halte aux hackers » 4ème edition- Edition EYROLLES

[5] Guy Pujolle « Les réseau » 5ème edition- Edition EYROLLES

[6] Jean-Luc MONTAGNIER « Réseaux d'entreprise par la pratique » Edition EYROLLES

[7] Sécurité des systèmes informatique

[8] Robert Longeon-Jean-Luc Archimbaud «Guide de la sécurité des systèmes d'information »- CENTRE NATIONAL DE LA RECHERCHE SCIENTIFIQUE

[9] Bilan Cert-IST 2010 des failles et attaques

[10]

[11] http://www.unilu.ac.cd/FR/ADMINISTRATION/SRI/Pages/AdressageIP.aspx

[12] http://www.ethereal.com/download.html

[13] http://fr.wikipedia.org/wiki/Kerberos

[14] http://openmaniak.com/fr/snort_tutorial_snort.php

[15] http://www.crack-wifi.com/tutoriel-sslstrip-hijacking-ssl-mitm-https.php

[16] http://www.ahmet-demir.fr/doc/Ahmet_DEMIR_ChilliSpot-Freeradius.pdf

LISTE DES FIGURES

LISTE DES TABLEAUX

ANNEXE

Il est également indispensable dans le cadre de cette analyse d'évaluer les temps maximums de reprise pour chaque service avant que les conséquences de l'interruption ne deviennent trop critiques.

Tableau13 : temps de reprise

Service	Impact acceptable	important	Critique	Impossible
EPR	1j	3j	7j	
Switch salle système	2h	5h	10h	2j
Gestionnaire d'imprimante	3j	5j		

Rétablissement

Il existe deux types de rétablissement, l'un partiel permettant un fonctionnement dégradé de l'infrastructure dans lequel les fonctions principales seront rétablies, l'autre complet dans lequel l'ensemble sera complètement opérationnel. Plusieurs paramètres doivent être analysés : le temps de rétablissement et le pourcentage de rétablissement sont des fonctionnalités souhaités.

Tableau14 : type de rétablissement

Service	Type de rétablissement	Temps de rétablissement	Pourcentage de rétablissement(partiel)
EPR	Total/partiel	3j	80%
Switch salle système	total	1h	100%

Gestionnaire d'imprimante	Partiel	4j	30%

Il   faut noter que chaque   temps de   rétablissement   (selon   le   type) peut en réalité se mesurer comme la somme de plusieurs éléments :

- Le   temps   nécessaire   pour   installer   et   connecter   le matériel   (alimentations électriques,   serveurs,   unités de disques, composants réseau, câbles, postes de travail...),
- La durée requise pour installer et configurer les systèmes d'exploitation sur chaque ser veur,
- le temps de rétablissement des connexions réseaux avec les autres équipements,
- le temps d'installation et de configuration des applicatifs.